# Zindagi मनोहर Hai

(Vol.-2)

(मनोहर ki प्रेरणा)

## हिंदी/उर्दू शेर-ओ-शायरी और कविताएँ

Continuing the poetic tradition !

by : Manohar Dasumal Dubey

Qurate
quratebooks.com

Zindagi मनोहर Hai
(Vol. – 2)
**(मनोहर ki प्रेरणा)**
हिंदी/उर्दू शेर–ओ–शायरी और कविताएँ
**मनोहर दासुमल दुबे**



Published in 2026

© Published by

qurate quratebooks.com

Qurate Books Pvt. Ltd.
Goa 403523, India
www.qURatebooks.com
Tel: 1800-210-6527, Email: info@qurateBooks.com



**ISBN:** 978-93-5898-387-6

# Dedication

पल–छिन करते–करते दिन कट रहे हैं,
दिन–महीने करते ज़िंदगी कट रही है ।
हों अकेले या साथ किसीके,
हो कम या ज़्यादा ख़ुशी,
क्या फर्क पड़ता है,
ज़िंदगी तो कटनी है, कट रही है ।
और
ज़िंदगी तो उसकी धरोहर है,
खुदा कसम,
पहले भी मनोहर थी अब भी
ज़िंदगी मनोहर है !

She has not gone,
She just changed her seat.
From beside me to inside me !

कहने को तो वो चली गई है,
पर वो मेरी हमसफ़र कहाँ, कहीं गई है,
बस....
मेरे पास से उठके, मेरे अंदर बस गई है!

**Mrs. Nisha Manohar Dubey**
(nee Nirbada Kishinchand Pariani a.k.a "Chhoti")
(1st June, 1958 to 5th February 2025)

# Dedication Blessing from An Angel Daughter Prerana

When I think about the most defining, most Manohar force in my life, it's always my 'Bade Papa'. He doesn't just pass through life; he lives it, with a whole heart, the brightest smile, and a spirit so infectious you can't help but feel on top of the world around him. He is, quite simply, the kindest, most loving soul I have ever known, and truly the 'jaan' of our entire family.

Reading these poems, especially the ones he poured his heart into about me, feels like receiving the biggest, warmest hug. They are a mirror reflecting the priceless memories and the strong values he instilled in us that keeps our family anchored and thriving. Zindagi Manohar Hai isn't just a title; it's the personal philosophy he embodies every single day. Thank you, Bade Papa, for being our constant source of light, love, and celebration. Our lives are beautiful because you are in them. 'आपकी बेटी होने पर मुझे गर्व है'' and I am eternally grateful for your love and light.

From Aman

Stepping into this family has come with being lit by the glow of a man who radiates deep love and warmth towards the world. I could instantly understand why he makes friends and lifelong fans wherever he goes. He possesses a rare zest for life, a readiness for a good time, and a welcoming warmth that instantly makes you feel at home.

This book is a precious gift, offering a glimpse into the depth behind the smile, the experiences, the wisdom, and the beautiful outlook that have shaped his remarkable life. It's an absolute privilege to find a share of the love and happiness he spreads so generously.

ढेर सारे प्यार के साथ
Prerana and Aman

# My Dedication....

मेरी बेटी. मेरी ज़िंदगी. मेरी प्रेरणा.
मेरा सबसे प्यारा आशीर्वाद.

My Precious Pannu !

When you, my sweetie, turned one, all I wanted was to hear you say "Papa".

When you turned three, I prayed you would never lose that lustre in your eyes, which could light up even the dullest room.

When you turned five, I remember holding your little hand on your first day of school, pretending that I wasn't the one scared.

When you turned ten, I realised you were growing faster than I could hold on.

At thirteen, you began questioning the world, and I began realising that you were more gifted than I had imagined.

When you turned nineteen, you packed the bags for medical school and traded sleep for stethoscopes, medical journals, while I stood there, somewhere balancing myself between great pride and a bit of anxious fear.

When you graduated at twenty-five, I thought my heart couldn't hold more pride until you said you wanted to study further, and that too in the US, which is part of many a childhood dream.

At twenty-six, when you completed your postgraduation, you returned as my daughter and maybe as my equal too, who was ready to take on the world with your medical expertise and business acumen. Here our ages have frozen!!!!

Then, when you met The Special Person - Aman, I had apprehensions but was confident of your important decision of your life partner as well as of diverting to data science, as always, putting in extra efforts to succeed.

And now, as you turn a year younger and start a new chapter as someone's life partner, I find myself quietly wishing that you know, no matter how much you grow, you will forever be my little Doll, little pari, who once struggled to say "Papa".

My heart has always been, and will always be full because of you ...

I am proud of you and everything you do...!

How would I not be proud... I have an angel, as my daughter.

The most important and lively part of me....

दुनिया का सबसे उत्तम,
सबसे प्यारा रिश्ता है ''बेटी''...

and You - Shona, are much, much more than that.

I can never love you enough !

कुछ भी करूँ, कितना भी करूँ,
फिर भी, कुछ तो छूट ही जाता है।

Thank God for making you मेरी बेटी !

A Very Happy and blessed Birthday Sweetie...This book is only a token of my love on this special day of yours... as your "Badi" continues to shower her unending love and blessings.

God's Blessings and from us too for The most joyful, blissful married life.

You be Aman's "Prerana" (inspiration)

as he brings "Aman" (Peace) to your lives.

Love You ! Bless You !!

#Happy Birthday my darling

#My Pari

#My Precious Pannu

#proudpapa

#Badi ka ShonaMumma

#Zindagi मनोहर Hai

# Messages

First of all, hearty congratulations to our charismatic Chachu on the release of his second book, following the tremendous success of the first book "Zindagi Manohar Hai". This second book, written especially for a beloved daughter, is a heartfelt memento for Prerana on her wedding. We also extend our warmest wishes to Prerana & Aman for a beautiful and blessed married life ahead.

We are truly fortunate to have a Chachu like you—so talented, so energetic, and so full of life that you inspire everyone around you to see the world with a brighter, more meaningful perspective.

Your poems and 'shayari' are heartfelt, beautifully expressed, and deeply relatable. They make us immensely proud to have such an all-rounder in the family—someone who shines in everything he does.

A successful businessman always ready to help others; a wonderful singer who lights up every stage; a jovial soul whose presence brings joy to every gathering; and a father figure to so many 'betis'... What more can one say? You are a true superstar.

With "I love u dear Nanu" from little Khiyaan, we wish you all the very best for the release of your new book and look forward to many more successful publications and achievements in the future.

Best wishes :

**Avinash, Kashish (Deepa) & Khiyaan**

For Our Dearest Chachu, and Our Beloved Prerana

Some books are written with ink. Some are written with life itself.

"Zindagi मनोहर hai" is not just a collection of poems — it is a reflection of Chachu's soul : gentle, thoughtful, deeply emotional, and full of quiet strength. His words don't merely describe life; they celebrate it — with all its joys, pauses, losses, and love.

This book holds a very special place in our hearts because it is lovingly dedicated to your darling daughter, Prerana — a beautiful memento marking a new chapter in her life. What a priceless gift it is for a daughter to carry her father's words with her as she steps into marriage — words that will bless, guide, and remind her that she is forever surrounded by love.

Dear Prerana and Aman, as you begin this journey together, may your life be as "manohar" as the poems in this book — full of understanding, laughter, companionship, and endless respect for one another. May you always find poetry in the ordinary, strength in togetherness, and joy in every season of life.

Chachu, we feel truly blessed to witness your journey as a poet — once again. Your words continue to touch hearts, just as you touch lives simply by being you. This book stands not only as an expression of love for your daughter, but also as a legacy of emotions, values, and wisdom that will live on for generations.

With immense love & pride -

always cheering you on !

**Sheetal, Vivek (Vicky), Kanika & Kiyansh**

मनोहर मामा, जैसा नाम बिल्कुल वैसे इंसान ।

नाम की तरह मनोहर, और सोने पर सुहागा कि वो मामा है ।

U r my favourite in my whole in laws family

आप किसके favourite नहीं हो भाई ! हम अकेले आपके दीवाने नहीं आपकी Fan List तो बहुत लंबी है l मुझे आज भी वो दिन याद है जब मेरी शादी के रिसेप्शन के दिन आप मेरा हाथ थामकर के stage तक लेकर गए थे, एक पिता की तरह सहमी हुई बेटी को हिम्मत देते हुए कि stage nervousness केसे overcome करें l

आपने शुरू से मुझे बहुत लाड और दुलार दिया और उम्मीद है आप मुझे ऐसे ही हमेशा दुलार देते रहेंगे l आप हो या आपकी बातें हो इतनी हिम्मत और इतनी जिंदादिली है उसमें कि सुन कर ही एक अलग spark आ जाता है जिंदगी में, वही जिंदादिली आपकी लिखावत में है, आपकी "zindagi मनोहर hai" में है l

आपकी Poems सिखाती हैं कि हम बहुत उत्साह और जिंदादिली से जिंदगी को कैसे जिएं आप ऐसे ही प्यारी प्यारी कविताएं लिखते रहें और हम आपको ताउम्र ऐसे ही पढ़ते हैं रहें l

We all love u so much mama

And we also know what Dear Prerana means to you & Nisha मामी...

On her wedding, wishing her all the best, here are few lines for newly wed couple

परिवार का कण कण खिला,
जंवाई राजा राम मिला ।
दोनों एक दूसरे के हृदय में यूं ही बसते रहे,
आप दोनों की zindagi मनोहर थी,
मनोहर है और यूं ही सदा के लिए zindagi मनोहर ही रहे ।

**With Love :**
Gunjan * Sagar * Hriday * Hridansh

---

Dear Manohar

The heart of the Dubey Family

Lots of Love and Best wishes for your second book : "Zindagi Manohar Hai"

तुम्हारा नाम है मनोहर, नाम की तरह ज़िंदगी भी होगी मनोहर।

Best of Luck for your book Bro !

तुम्हारा दोस्त
Kishore Pritamani

It gives me immense pleasure penning my thoughts on the occasion of Second Book of Manohar's poems.

The literary skills are in the genes of Dubeys. Having Father as a Teacher, Uncle Shri Laxman Dubey, went still further on success path, with 21 Books and winning President of India awards at the hands of the President Shri Shankar Dayal Sharma and at the hands of Shri Abdul Kalam. Two Literary Award from Sahitya Academy of India does motivate. In fact Uncle also wrote songs for Film.

Manohar, coming out with the second book of Poems within one year manifests his flair for writing.

His love for the daughters and Super-Betis is well known and this book launch around one such occasion is evidence and speaks volumes of the love for the children and poetic skills.

While I wish huge success to this the Second book of poems, I hope I will be able to find 2 / 3 of his poems suited to my Music Album - launch in pipe line.

Happy Reading to all the Readers and huge Success to this book.

**Satyaprakash D Dubey**

**My Dearest Mama,**

A poet, writer, singer, business man and most important Father to all the bachaas - One man, many roles. Whatever your role, you always justify your position effectively

An epitome of a gentleman while having an inner child within. Someone who knows how to treat others with dignity and grace.

I cherish the way you consistently refer to me as your daughter instead of your niece.

In "Zindagi Manohar Hai", we bore witness to your love for Nisha Maami, it was not just a compilation of your poems but your thoughts, memories and promises made to her. Your second book, however, allows us to experience the profound love you hold for your "Betis" and "Super Betis"

Witnessing your journey from a debut author to a seasoned poet with this second book is an inspiration to the entire family, especially the younger generation.

May this book touch even more hearts than the first.

With lots of love
**Bharati Pohwani (Shruti)**

## A Heartfelt Tribute to " Zindagi Manohar Hai"

It is with deep admiration and affection that we celebrate the remarkable work of our dear friend, Manohar ji. His poetic collection, "Zindagi Manohar Hai," stands as a shining testament to love, remembrance, and the resilience of the human spirit. Written in the tender memory of his beloved wife, the first volume touched every heart not merely as poetry, but as a living stream of emotion - flowing with devotion, gratitude, and the quiet strength of eternal companionship.

Today, as he gifts the world the second part of this cherished collection, we find ourselves once again embraced by the warmth of his words. In these verses, Manohar ji does more than write - he paints. He paints love that lingers beyond time, memories that bloom even in silence, and life that remains beautiful despite its sorrows. His poetry reminds us that grief, when held gently, transforms into grace.

This continuation of "Zindagi Manohar Hai" is not only a tribute to his late wife, but also to the enduring power of love itself. It is rare to witness such sincerity in expression, such purity in emotion, and such courage in sharing one's deepest wounds with the world. Through his heartfelt creations, he teaches us to celebrate life, to cherish relationships, and to honour the bonds that shape us.

The collection is multi faceted and also dedicated to his darling daughter Prerana to whom it is gifted as a small memento on her wedding.

We offer our heartfelt appreciation to Manohar ji for enriching our lives with his soulful artistry. His words inspire us to look within, to feel deeply, and to live with gratitude. May this new volume touch many more hearts and continue to spread the beauty, compassion, and love that define his poetic journey.

With utmost admiration and warm regards,

**Sharad & Anupama Varaskar**

❖———————————❖

Dear Manu Uncle....!!

आपका नाम सामने आए,
या फिर आपकी याद आए....
तब सबसे पहले ये एहसास होने लगता है कि हाँ...ज़िंदगी कितनी मनोहर है !

This emotion captures every feeling so wonderfully & perfectly.

At times we lose the hold but your daily reminder of embracing life with Love... Grace, Strength... & Power... feels like a daily dose of a true Blessing...

Thank you Manu Uncle for all your care & kindess always !!

God Bless You !!

**Janvi Kursija**

May every poem you have penned resonate deeply, finding new homes in the hearts of your readers.

May the ink of your poems flow in to the world and paint it with new perspectives

May release of your new poems brighten and bless your daughter Prerana with best of luck, health, wealth and happiness in her married life.

With Love & Blessings
**Vishwamber Das**

Work is worship for some people, whereas love is worship for some others. One of the divine verses of Saint Kabir in this context is :

"पोथी पढ़ि पढ़ि जग मुआ, पंडित भया न कोय,
ढाई आखर प्रेम का, पढ़े सो पंडित होय"

He meant that everybody in the world kept reading the scriptures like Vedas, Puraanaas, but nobody became scholar. On the other hand if one establishes the bond of pure love with the Almighty and his creations, he attains high stature.

Central theme of the contents of the books titled "Zindagi Manohar Hai" by Manohar is love, love and love. He really radiates love and affection wherever he is, so the contents of his book have oozed out from his heart.

Even though the part I of "Zindagi Manohar Hai" was his debut book, the literary quality index of the poems penned by Manohar matches that of any experienced poet.

The loving nature of Manohar brings to our mind the pictures of Sadhu T L Vaswani,

Dada J P Vaswani, Mother Teressa and other great saints who have propagated the message of love throughout the globe.

Readers will definitely draw inner pleasure while going through the contents and the book will undoubtedly add to the richness of the shelves of the esteemed readers.

Manohar's command on Hindi, English and Sindhi is clearly evidenced in the contents.

माँ सरस्वती से हमारी प्रार्थना है कि वो हमारे गायक और गीतकार मित्र मनोहर दुबे पर आशीर्वाद बरसाते रहें, जिससे उसकी जिंदगी मनोहर बनी रहे और वो संगीत और साहित्य के क्षेत्रों में समाज को सेवाएं प्रदान करते रहें।

Immense love of Manohar for his nieces & nephews has resulted in dedication of this book to his dearest niece Prerana. The date of the release of this book has been planned to be coincident with Prerana's Birthday ! What better gift could one long for !!!

**Prem Khilnani**

Retd. Principal Sindhu Mahavidyalaya (Nagpur)

"Zindagi Manohar Hai" - Life is beautiful - is Manohar ji's ode to his infinite belief that love in all its forms and its beauty has the power to connect and bind people together and to celebrate life's true spirit, transcending our differences.

Penned down in his inimitable style, his words and expression are simple yet powerful in touching our hearts and make us feel his thoughts in a way that resonates with this belief.

Snippets from his writings adorn our daily morning breakfast menu at home and sweeten our tea as we read his beautiful messages on WhatsApp without fail. We now look forward to more from his heart, in this second offering dedicated to his lovely daughter Dr Prerna as a cherished gift on the momentous occasion of her wedding, and be sure that it shall elevate our heart and minds to understand the power of love through his soulful poetry.

With warmest greetings and wishes to our dear Manohar ji and to his beloved daughter Dr Prerna on the occasion of this dedication

**Prasanna Mujumdar**

on behalf of and reflecting the thoughts

of our Olivia Seniors group

मनोहर जी लिखते रहे हैं ये हम जानते हैं, सुंदर लिखते हैं ये भी सबको पता है, तो फिर उनके बारे में क्या लिखें......

चलो एक कोशिश करते हैं...

चेहरे की मुस्कुराहट जब शब्द बन जाएँ तो गीत बनते हैं, दिल के जज़्बात जब शब्द बनें तो ग़ज़ल बनती है और अचानक से आई सोच से शेर बनते हैं, ऐसी है मनोहरजी की लिखायी....

जिस्म के साथ रूह सुंदर और वो सुंदरता पन्नो के लफ़्ज़ बने तो मनो-हरजी की शक्ल और शख़्सियत उसमें दिखना लाज़मी है।

सबको दिया उसने, सबको खुशियां बांटी, पर दिल का एक कोना हमेशा अनछुआ रखा, जहां कोई नहीं झाँक पाया है वो कोना जहां आंसू बंद हैं और बंद हैं दर्द, जो ना बाहर आते हैं, ना दिखते हैं।

अब सबको पता चला कि ये तो बहुत अच्छा कलाकार भी है जिसके हंसी के पीछे के आंसू और दर्द छिपे रहते हैं, इतनी सख्त जान भी है ये नेकदिल इंसान।

कई रूप होते हैं एक शख़्स के, पर जब वो उसे शब्दों में पिरोए तो बनता है एक गुलदस्ता और महका देता है सबको जो उसे छूते हैं, तो चलो आज ऐसे ही एक नए खुशबू भरे गुलदस्ते से कुछ अपने लिए भी चुराते हैं......

लिखने को तो बहुत है और कहने को भी, पर सोच फिर वहीं जज़्बात पे ही आकर रुकती है और अभी हर जज़्बात को अलग से बताना, जैसे मनोहरजी करते हैं, वो अभी हमें आया नहीं, तो बस हमारे ख्यालो और जज़्बातो को यहीं कुछ अनकहा सा छोड़ते हैं....

दिल से प्यार,
राजेश और सोनिया बेलानी

## To my dearest uncle, Manohar Dubey,

With immense love, gratitude, and pride, I celebrate you and this beautiful milestone of publishing your second book, "Zindagi Manohar Hai" - Part 2.

This book is not just a collection of words, it is a reflection of your heart, your life philosophy, and your deep emotional wisdom. Dedicating it to your beloved daughter Prerana and your closest loved ones shows who you truly are, a man who values relationships above everything else.

I feel truly blessed to have you in my life. You are a charm, radiating joy, warmth, and happiness wherever you go. Your kindness, humility, and your rare ability to nurture and protect relationships inspire everyone around you. You remind us that, life becomes meaningful when it is lived with love, empathy, and sincerity.

I am immensely proud of you, Uncle, proud of your journey, your words and the legacy of emotions you are creating through your writing. I feel deeply blessed and honoured to be your daughter, learning from your wisdom and growing under your affection.

With endless love, pride and gratitude,

**Karishma**

Your sweet daughter

Some voices stay with us long after the moment has passed. Yours has always been one of them. As you bring out your second book of poetry, I'm reminded not only of your gift with words, but of the quiet, lasting legacy you continue to build through thought, care, and consistency.

To me, you have always been more than my Chachu. You've been a father figure – someone whose presence, guidance, and values have shaped the way I see the world. Your influence is part of who I am, just as your writing carries the depth, sensitivity, and honesty that define you.

This book feels like a natural continuation of your journey and reflections. I know these poems will find their way to readers at different moments in their lives, just as your guidance has stayed with me through mine.

I am incredibly proud of you – not only for this book, but for the example you set and the quiet impact you have on everyone lucky enough to know you. May these pages continue to reach hearts and stand as part of a legacy that lasts.

With boundless love, gratitude, and admiration,

**Priya**

# कविताएँ

# सच्ची दोस्ती

जब से, तुम जैसे दोस्त मिले हैं,
ज़िंदगी से ना कोई शिकवे, ना गिले हैं ।

उमर ने तो अपनी हर कोशिश कर ली,
बुढ़ापे में हम फिर भी न ढले हैं ।

देख कर इस उम्र में भी हमारी जवानी,
बहुतों की नजरों में हम खूब खले हैं।

होंगे कुछ लोगों की समझ में बुरे, ख़राब, बदमाश,
मेरे प्यारे दोस्तों की निगाह में तो हम सबसे भले हैं ।

दोस्ती करो तो दिल से करो, दिल से निभाओ,
ना जाने कितने दिन बचे हैं, कितने दिन ढले हैं ।।

# अधूरी उड़ान

कोई छुट्टी पर तो कोई परिवार से मिलने जा रहे थे,
उन्हें क्या पता था हवाई जहाज में बैठके
मौत से मिलने जा रहे थे।

ख़ुशियाँ सारी उनकी आधे में कट गईं,
जो हंसने हसाने, मिलने मिलाने जा रहे थे ।

उन नन्हें, मासूमो की क्या थी गलती,
जो सपने सुहाने सजाने जा रहे थे ।

सिर्फ कुछ क्षण, और वो सारे शांत हो गये,
जो गाने, गुन-गुनाने जा रहे थे ।

बस कुछ पल में जल कर बुझ गए वो नैनों के चिराग,
जिन नैनो से ख़ुशियाँ के दीप जलाने जा रहे थे।

विधाता की ये कैसी विडम्बना,
उन सबको अपने घर बुला लिया,
जो घूमने फिरने, सैर करने जा रहे थे!

जी लो जी भर के ज़िंदगी,
कब, कहाँ, कैसे ऊपर से बुलावा आ जाता है,
फिर हम ये कहते, सोचते रह जाते हैं,
हम ये करने, वो करने जा रहे थे ।

# वो भी क्या जमाने थे

वो भी क्या वक़्त था,
वो भी क्या जमाने थे।

दिलकश दिन थे, प्यारे पल थे,
जब तुम थे, मौसम सुहाने थे।

रूठना भी अच्छा लगता था,
जब मनाने तुम आते थे ।

सुंदर शब्द, सुरीला संगीत, सजीले स्वर,
तुम्हारे गीत भी क्या मधुर तराने थे।

उन बातों को अब कोई सुनता नहीं,
जिन्हे सुनाके हम तुम्हें हंसाते थे ।

मिले हुए तुम्हें, कितना अरसा हो गया, देखे हुए,
आ जाओ ना, तुम्हें तो मालूम सारे ठिकाने थे।

मेरे मन को याद वो सारी मौसिकी है,
जो गीत मैं-तुम, साथ गुन गुनाते थे।

मुस्कान, हंसी, भोलापन,
स्नेह, इश्क, आकर्षण,
तुम थे तो कितने प्यारे,
कैसे मेरे ख़ज़ाने थे ।

वो भी क्या वक़्त था,
वो भी क्या जमाने थे।

# घर की रौनक

इक तेरी हंसी, इक तेरी मुस्कान,
एक मेरा दिल, एक मेरी जान ।

जब तू आयी, रोशनी सी छायी
घर बन गया मेरा, था जो मकान ।

दुआओं की बारिश, किस्मत की आजमाइश,
तेरा आना, हमारा सम्मान ।

तेरी तोतली बोली, बनी हमजोली
स्नेह से बदल गई हमारी ज़बान ।

माँ की ममता, पापा का प्यार,
तेरे भोलेपन पे सब कुर्बान ।

मूंह खोला, तूने पापा बोला,
आँख भरी, और क्या करना अरमान ।

आँखे - सितारे, चेहरा - चाँद,
रोशनी तेरी, सजा आसमान ।

मुक़द्दस रूह, पाक परी,
मेरी तकदीर, मैं धनवान।

उच्च शिक्षा, सरल सेवा भाव
तरक्की की राह, ऊँची उड़ान ।

मीठी मित्रता, रचनात्मक रिश्ते
सच्चा स्नेह, न कोई गुमान ।

सुखद सगाई, शुभ शादी,
हमारी प्यारी बेटी जान, ससुराल की सुपर- बेटी का मान।

प्यार - परिवार, सेहत - सपने
ज़बरदस्त ज़िन्दगी, ज़िंदादिल जहान !

नाचता नभ,
रचनात्मक रब,
जो सोचो वो सब ।
और क्या चाहिए....

सुंदर सेहत,
नम्रता की नेमत,
ईश्वर की इबादत,
और क्या चाहिए....

महकती महक,
चहकती चहक,
खनकती खनक ।
और क्या चाहिए...

सुंदर, सौम्य सपने,
आत्मीय, अज़ीज़ अपने,
राम लगे रमने ।
और क्या चाहिए.

और क्या चाहिए...

# बवंडर

भावनाओं का अखूट बवंडर है,
सुख-शांति का समृद्ध समंदर है ।
ज़िंदगी खुला आसमां और मन आज़ाद परिंदा,
आगे भी खुशियों का सुहाना मंजर है।
उमर का क्या है, बस, केवल एक नंबर है,
महसूस वो करो जो मन के अंदर है!!!

# मान लिया करो

मान लिया करो...

मैं 'गर कहूँ,
तुम दुनिया की सबसे प्यारी लड़की हो,
आसमान की परी ज़मीन पर उतरी हो।
मान लिया करो.

तुम्हें देखने को चांदनी तरसती है,
आंखें तुम्हारी सूर्यकिरण सी चमकती हैं।
मान लिया करो...

फूल कलियाँ तुमसे ही खुशबू उधार लेती हैं,
सितार, सारंगी, बीना, बांसुरी, तुमसे ही बजती हैं।
मान लिया करो...

ईश्वर की नेमत हो, कुछ खास है तुम में,
ज़िदगी का जो ज़ायका बदल दे, वो मिठास है तुम में,
मान लिया करो...

# जीवन का हिसाब

उसूलो पर चलकर जो छाले पाए हैं,
उसका इलाज कहां मिलेगा,
वफ़ा करके जो दिल अपने जलाए हैं,
उसका मरहम कहां मिलेगा ।

इमानदारी की आदत से जो दुश्मन बने हैं,
वो कैसे संभलेंगे,
सच बोलने की सज़ा तो मिलती है,
सच्चाई का सिला कहां मिलेगा ।

सबको चाहा, सभी से मोहब्बत की,
उस प्यार के बदले प्यार कब मिलेगा ।
तू देता चल अपना सब कुछ, सुना है,
बदले में तुझे खुद वो रब मिलेगा।

कर्मों का है ये खेल, साहब,
हिसाब यहीं पर होगा ।
तू जैसा, जितना, जब देगा,
तुझे वैसा, उतना, तब मिलेगा।

# ये भी इक दौर है.

अब अगर थोड़ा उदास,
थोड़ा तन्हा है वक्त, तो बुरा ना लगा।

याद है वो बहारों का सफ़र,
खुशियों की वो सुहानी लहर,
वो ख़ुशमिज़ाज़ दोस्तों की महफ़िलें,
वो हर लम्हे में प्यार का बसर।

वो वक्त कुछ और था,
ये वक्त कुछ और है ।
फ़िक्र ना कर, दिल न जला,
ये भी गुजर जाएगा ।
वो भी इक दौर था,
ये भी इक दौर है ।।

# तेरा असर

कितनी चीज़ों की सुंदरता मिलाई होगी,
तब जाके उसने, तेरी सूरत बनाई होगी ।
दिल से तो वो सभी को सजाता है,
तुझे बनाने में अपनी रूह तक लगाई होगी।
तेरी आँखों को देखके लगता है,
कितनी झीलों की गहराई सुखाई होगी।
परियों की आँखें बंद हैं..
तेरी सूरत देख शरमाई होंगी ।
चांदनी कुछ उदास सी लग रही है आज,
तेरे दर्शन कर के शायद आई होंगी ।
कलियाँ कुछ बे-रंग सी हो रही हैं,
तू बाग की सैर कर के आई होगी ।

# वो मुलाक़ात

जिस मुलाक़ात की आस थी इक उम्र से,
वो मुलाक़ात हुई भी और गुज़र भी गई ।

ऐसा लगा जैसे इक सारी उम्र,
इक पल में आई और गुज़र भी गई।

ज़िंदगी ने सारी ज़िंदगी साथ देने का वादा किया था,
वादा किया था और अपने वादे से मुकर भी गई।

मैं उसका साया बन के उसके साथ चलता रहा,
जहाँ भी, जैसे भी, वो जिधर भी गई।

तलाश में सच्ची मोहब्बत के, उसकी रूह,
जहाँ-जहाँ नहीं जाना था उधर भी गई ।

# मेरे लिए क्या है मेरी बेटी

मेरे नेक कर्मों का नतीज़ा,
मेरी सारी अच्छाईओं का फल।
उससे ही मेरा कल रौशन था,
मेरा आज भी वही, वही मेरा कल।

नज़रों का निर्मल नज़ारा,
दिल का अखूट चैन है।
सबसे अनमोल वरदान खुदा का,
सबसे प्यारे उसके बैन हैं।

मेरी सारी खुशियों की वजह,
मेरी भलाईयों की भोर वो,
मेरे सारे सुखों की सुबूह है,
मेरी बेटी, मेरी आत्मा, मेरी रूह है!

# ज़िंदगी मनोहर है....

सुख है, शांति है, मौज है,
मज़ेदार दोस्तों की फ़ौज है।
जी, ज़िंदगी मनोहर है!

ख़ुशियाँ हैं, सुंदर सपने हैं,
दुआएँ है, आप जैसे अपने हैं।
जी, ज़िंदगी मनोहर है!

भावनाएँ हैं, संगीत का साथ है,
सबके आशीर्वाद का सिर पे हाथ है।
जी, ज़िंदगी मनोहर है!

ज़िंदगी का हर दिन, हर पल खास है,
आपके प्रेम से आज का दिन और खास है।
जी, ज़िंदगी मनोहर है!

रोशनी, महक, ज़िंदादिली, सब है,
सारे प्यारे लोग, और वो मेहरबान रब है।
जी, ज़िंदगी मनोहर है!

दुआएं मिलीं, प्यार मिला,
और...आप जैसा यार मिला,
और क्या माँगूँ रब से,
जो कुछ माँगा, हर बार मिला।
जी, ज़िंदगी मनोहर है!

आप, आपकी मुस्कान, आपका प्यार,
आपके सुंदर शब्दों का अंबार,
बसे रहेंगे सदा मेरे दिल में,
आपकी दुआओं के शब्द ये शानदार।

सही में....सच में...
आप से ही: ज़िंदगी मनोहर है!

चाँद सितारे चमक रहे नभ में,
ज़रुरत की हर शै है घर में,
ऐसे में और क्या ही मांगू रब से,
चैन की नींद सोता हूं,
आराम के दिन गुज़ार पाता हूँ ।।
मैं उतने में खुश हूं...

मैं उतने में ही बहुत खुश हूं...

# एहसास

तुमको नज़र आऊंगा,
कभी तेरे माथे की बिंदिया बनके,
कभी पलकों पे ख्वाबों सा सज के ।

तुमको महसूस करवाऊंगा...
सांसों में तेरी महक बनके
शफक का सपन बनके ।

तुमको दिखाई दूंगा
हाथों के कंगन में,
चेहरे की रंगत में ।

तुमको सुनाई दूंगा
तुम्हारी पायल की खन खन में ,
तुम्हारे दिल की हर धड़कन में ।

# वाह, क्या बात है

वाह, क्या बात है....

मेरा कुछ न कहना,
और तुम्हारा सब समझ जाना।
वाह, क्या बात है!

चाँद को देख के शर्माना,
वो चांदनी को आईना दिखाना।
वाह, क्या बात है!

सुबह सवेरे बागों में आना,
कलियों को खिलना सिखाना।
वाह, क्या बात है!

तेरा ओस की बूंद सा, सीप में छिपना,
महकता मोती बन, मेरा जीवन संवारना ।
वाह, क्या बात है!

मेरे दिल में तेरा घर कर जाना,
धड़कन बन उसे प्यार से चलाना ।
वाह, क्या बात है!

# प्यार और बेटियां

आप गए हो जबसे कोई पूछता ही नहीं,
क्यों सोए नहीं अब तक, क्यों जाग रहे हो तब से।

प्यार जताने के तो लाखों तरीके आते हैं,
मेरी प्यारी बच्ची को,
कभी गले लग जाती, कभी नख़रे दिखाती है,
कभी नाराज़ हो जाती हक़ से ।

सुनते थे बेटियां जल्दी बड़ी हो जाती हैं,
पर मेरी बेटियां कभी बड़ी हुई ही नहीं,
आज भी सो जाती है गोद में सर रखके।

# याद

तेरी याद बहुत आई, तेरे जाने के बाद,
सूरज को उभरना याद आया, दिन ढल जाने के बाद।

मुझे तन्हा छोड़ के जाने के वास्ते, तुझे
इक नया बहाना याद आया, हर बहाने के बाद।

तेरी यादों का सफर ख़तम होता ही नहीं
कोई कहानी याद आ जाती है, हर फ़साने के बाद।

# तेरी याद

चाँद देखूँ, चाँदनी सोचूँ,
तेरी याद आती नहीं ।
महकते बाग़ से गुज़रूं,
चमकती रौशनी देखूँ,
तेरी याद आती नहीं ।
खुशियों की बात निकले,
या सपनों का हो जिक्र,
तेरी याद आती नहीं ।
आएगी भी, तो कैसे तेरी याद,
तेरी याद कभी जाती ही नहीं!

# कुछ बदल गया हूं मैं....

हां, कुछ बदल गया हूं मैं....
अब बादलों के देख डरता नहीं,
कड़कती बिजली से सहमता नहीं।
ख़ुशी और प्यार और भी बांटता हूँ,
किसीके कहे का बुरा मानता नहीं।

हां, कुछ बदल गया हूं मैं....

भाग दौड़ थोड़ी कुछ कम करता हूँ,
किसीके जाने से न आंखें नम करता हूं,
इतना प्यार पाया है सभी से,
सभी के प्यार का भरम रखता हूं।

हां, कुछ, ज़रा सा, ज़रूर बदल गया हूं मैं....
पर, ये बदलाव 'गर खुशियाँ लाता है,
तो ये बदलाव अच्छा है ।

# तेरे वास्ते

फूलों की खुश्बू से महकते-महकाते रास्ते,
ख़ुशियों के हर रंग से सजते-सजाते रास्ते,
पंछियों की प्यारी आवाज से चह-चहाते रास्ते,
आसमान से उतरे, तारों से टिम-टिमाते रास्ते।
मेरे प्यारे-दुलारे बच्चे के वास्ते !

जहाँ पर प्यार बरसता है, बे-तहाशा,
जहां खुशियां ही खुशियां ठहरती हैं हमेशा,
जहाँ अपने, अपनों से कभी दूर नहीं जाते,
प्यार से, दिलों को दिलों से मिलते-मिलाते रास्ते
मेरे प्यारे-दुलारे बच्चे के वास्ते !

ज़िंदगी में, कुछ लोग बहुत खास होते हैं,
सदा अपने दिलों के आस-पास होते हैं,
उन प्यारे, पाक इंसानों के लिए, सुख, शांति,
और खुशियों की बारिश से लह-लहाते रास्ते।
मेरे प्यारे-दुलारे बच्चे के वास्ते !

हां, प्यार के लम्हों से भरी नाचती-गाती ज़िंदगी,
और गीत संगीत से गुन-गुनाते रास्ते
सब, सिर्फ मेरे प्यारे-दुलारे बच्चे के वास्ते।

# शेर-ओ-शायरी

बेटी बोलते ही भावनाओं के हुज़ूम उमड़ पड़ते हैं ।
बेटी, जिसके प्यार के लिए सौ जन्म भी कम पड़ते हैं।

**

तुम मेरे बच्चे हो, सबको ये बताने में
जो फख्र महसूस होता है,
उस फख्र की कसम, मैं तुझे खुद से ज़्यादा चाहता हूँ।

**

सूरज, चांद, सितारे, दिया,
है रोशनी तो सभी से,
पर मेरी ज़िंदगी तो रोशन है,
बस, एक तेरे होने से!

**

मेरी परी बेटी आके कान में 'आई लव यू' बोली,
कितने प्यार से आज सुबह मैंने आँखें खोलीं।

**

एक तुम, एक तुम और एक तुम...
मेरा तो पूरा जहां यही है।

**

चाहने वाले तो मिल जाऐंगे तुम्हें हर मोड़ पर,
चाहने वालों की चाहत को पर खुद परखना होगा।

**

तुमसे जो रिश्ता है मेरा, क्या नाम दूं,
उसको कैसे परिभाषित करूं,
मेरे लिए अनमोल हो तुम,
बस और क्या कहूं ।

**

तुझको सबसे प्यारा कहता हूँ,
अपनी आँखों का तारा कहता हूँ,
इतना प्यार करता हूँ तुझे, बच्चा,
तुझे अपने जीवन का उजियारा कहता हूँ।

**

मेरा घर महकता बगीचा बन गया है,
मेरी बेटी जब भी बोलती है, फूल ही फूल झरते हैं।

**

मेरी ज़िंदगी को जन्नत सा महसूस कराती है,
जन्नत की परी सी बेटी मेरे घर में रहती है।

**

मेरे शेरों को पढ़ते हो, सराहते हो, पसंद करते हो,
'गर मोहब्बत हो गई न, तो इल्ज़ाम मुझ पर न हो!

**

लिखता रहा बड़ा सोच-सोच कर, रात भर,
दिल का हाल पर फिर भी पूरा ला ना पाया कागज़ पर।

**

मैंने बेटे पाए हैं अपने भाग्य से,
पर बेटियां तो मिली मुझे सौभाग्य से।
क्यूँ कि
बेटियां ही सजाती-संवारती हैं घर परिवार,
उन प्यारी परियों के बिना थम जाता सारा संसार।

**

स्नेह, शरारत, सहाय, सौंदर्य, चहक,
आभा, लाड़, मोहक, मनोहर, महक,
ये सब भी बोल दो, सही है,
मैं तो बस बेटी ही बोलता हूं।

**

तुझसे मिलता हूं जब मैं, वक्त ठहर क्यों नहीं जाता,
कब से तू मेरे दिल में है, जिगर में उतर क्यों नहीं जाता।

**

पेडों के पत्ते रंगीन होने लगे,
उड़ते पंछी घर लौटने लगे,
लगता है तुम कहीं आस-पास हो,
अध-खिली कलियों से फूल खिलने लगे।

**

'गर प्यार है सच्चा तो उमर सारी मेरे नाम कर,
इन मांगी हुई मुलाक़ातों से मेरा जी नहीं भरता।

**

मौत....
एक ज़िंदगी का अंत.
और
दूसरी के अंत की शुरुआत।

**

उमर तो हमारी बढ़ती है,
एहसास कहाँ बूढे होते हैं!
उनकी यादों के रखे गुलाब,
किताबों में सूखे होते हैं।

**

सब्र में भी थोड़ी बेसब्री तो आ ही जाती है,
ये मोहब्बत है, इतनी आसानी से कहाँ छुप पाती है।

**

कल चाहे पहली बार मिले आपसे,
पर एहसास कुछ खास हुआ।
परसों बाद पुराने मित्र से
मिलने का सा आभास हुआ।

**

तेरा नाम लिखा था कल जिस पर,
महकते रहे वो कागज़-कलम रात भर।

**

अपने बच्चों की ख़ुशी में
अपनी भी ख़ुशी छलकती है,
माँ बाप के चेहरे की चमक देखिए,
गौरव की अनुभूति साफ झलकती है!

**

मैं तुम्हें किसी और के साथ बांट नहीं सकता,
गुस्से-झगड़े की भी इच्छा हो तो मुझसे ही किया करो!

**

ये जो महक मेरी किताब से आ रही है,
तू महक रही है कि तेरा प्यार।

**

तू नहीं तो क्या, तेरी याद तो दिल में बसी है,
तेरे जन्मदीन पे आज भी देख, कैसी महफ़िल सजी है।

**

बहुत मन है उनके साथ मन की बातें हों,
सुकून से बैठ कर इत्मिनान की बातें हों,
प्यार की बातें, कुछ नाराज़गी की भी,
ऐ खुदा, कभी उनसे ऐसी भी मुलाक़ातें हों।

**

सच और झूठ के दरमियान जो जगह है..
असलियत में वही ज़िंदगी है।

**

प्यार, प्रीत, प्रेम, मोहब्बत,
कोई भी नाम दे दो,
जब तक उसमें सम्मान नहीं,
वो कभी मुकम्मल नहीं हो सकता।

**

हम उनको उन्ही से मांग रहे हैं,
ऐ खुदा, कैसी ये मोहब्बत है!

**

तेरे ना मिलने का मलाल तो मन में सदा रहेगा,
पर तू जहां है, खुश है, ये एहसास सुकून देता रहेगा।

**

नफ़े नुक्सान की क्या शिकायत करे कोई,
तेरे दिए हुए अश्क भी मुस्कान से क्या कम हैं।

**

जुदा तो हो गए हम एक दूजे से, खुदा ख़ैर करे
पर वो थोड़ा सा तुझ में मैं
और मुझ में तुम रह गए,
उसका क्या होगा।

**

हंसना मुस्कुराना तो वहीं भूल आए पुराने ठिकानों में,
क्या करने को, क्यूं आ गए हम बड़े, नए मकानों में!

**

किसी के दिल में जगह बनाना, ऐसे आसान नहीं,
तुमने बनाई है, तुम खास, बहुत खास हो!

**

वो मुझे चाहती है,
मुझे प्यार करती है,
ये बात झूठ ही सही, पर
कितनी अच्छी, कितनी सुंदर लगती है।

**

कभी नाराज़ होने का हक हमको भी तो हो,
तुम नाराज़ न हो जाओ, इस डर से,
हम कभी नाराज़ नहीं होते।

**

डर है कहीं खुद ही को ना खो दें,
तुमको इस शिद्दत से चाहा है इस दिल ने।

**

वो सरोवर में उतरकर नहा गए,
शीतल जल में आग लगा गए।

**

कातिल तो हर कदम पे मिल जायेंगे, जनाब, छोड़ दीजिए,
ज़िंदगी कौन सी बार-बार मिलेगी, जी भर के जी लीजिए!

**

तेरी कशिश में ज़िन्दगी की सी कशिश है,
तुझे देखते ही जीने की लालसा जाग जाती है।

**

मेरी सादा-दिली के चर्चे आम होने चाहिए,
देख ले,
तुझे पा लिया फिर भी गुरूर नहीं किया।

**

लम्हों को यादगार बनाते चलो,
ज़िंदगी तो वरना, यूंही गुजरती जाएगी।

**

झूठी शान की दीवारें तोड़ दो,
आडम्बर ओढ़े रिश्तों को छोड़ दो,
दिखावे की है ये दुनिया सारी,
थोड़ी सी असली ख़ुशियाँ इसमें पर जोड़ दो।

**

जो हृदय से हृदय तक पहुँच जाती है,
वो बहुत ही अहम, बहुत ही खास बात होती है।
उसे फिर कोई भी नाम दे दो, प्रेम, प्यार, इश्क, मोहब्बत,
वो बात सीधे हृदय को छू जाती है।

**

औरों पे कब तक मुनहसर रहेगा खुशियों के लिए,
अपनी लौ जलाओ तो कोई बात बने!

**

ज़ख्मों की जैसे झड़ी सी लगी है,
एक गई के दूसरी तैयार खड़ी है,
ज़ख़्म संभालूँ या ज़िन्दगी संवारूँ,
बहुत ही मुश्किल घड़ी है।

**

अपना तो मन भी था, स्वभाव भी और चरित्र भी,
सब को अपना मानना,
अब वो कितना अपना समझते हैं, क्या मानते हैं,
ये वही जाने।

**

हर इंसान की कोशिश है यहाँ भगवान बनने की,
ये ज़मीन स्वर्ग हो जाए 'गर इंसान कोशिश करे
बस इंसान बनने की।

**

मौसम का मिज़ाज़ जानकर क्या करना है मुझे,
बस तेरा मिज़ाज़ सही हो तो सब सुंदर, सजीला लगता है।

**

कहा था कि चंदन के जैसे न महका करो,
अब ये सांप जो लिपटने को आ रहे हैं, उनका क्या करोगे।

**

तेरी आँखों के जलते हुए ख़ूबसूरत चराग,
ठंडी में भी गर्मी का एहसास करा जाते हैं।

**

तेरे एहसास की खुशबू से कैसे निपटूँ,
न खुशबू से बच सकता हूं,
न छुपा सकता हूँ।

**

इतराते फिरते मैं थकती नहीं,
मेरे मेहबूब का पयाम आया है,
तुझसा इस जहाँ में कोई नहीं,
ये दिल नशीं पैगाम आया है।

**

आज भी अपने शब्दों से, अपनी याद से जब मुझे छू जाते हो,
मेरे दिल, जिगर, नज़र, मेरी रूह में समा जाते हो।

**

तुम्हारे साथ गुजारे वो पल याद आते हैं...
आज में तो आ गये हम, मेरे प्यार, पर,
वो प्यार में डूबे सारे सुहाने कल याद आते हैं।

**

वो मुँह ना भी खोले तो क्या शिकायत है,
उनकी आंखें क्या कमाल बोलती हैं।

**

जिस मोड़ से तुम मुड़ गए थे,
वहीं पे सारे होश मेरे उड़ गए थे।

**

वक़्त के साथ किताब पढ़ने के उसूल भी बदल गए हैं,
अब वो लफ्जों से मोहब्बत करने वाले कहां मिलते हैं।

**

वो जिसे हम हमसाया मानते रहे,
रोशनी छूटते ही साए की तरह छोड़ गए।

**

छूअन की भाषा ने भी क्या कमाल कर दिया,
उसने कुछ कहा भी नहीं और सब कुछ कह दिया।

**

मेरे दिल में झाँक कर भी कभी देख लो,
यूं खुद को मेरे अल्फ़ाज़ों में ढूंढने से कुछ न मिलेगा!

**

तू मेरे वजूद का अहम हिस्सा बन चुकी है,
तुझसे बिछड़ने का ख्याल भी कैसे करूँ।

**

कतरे से कतरा जब जुड़ता गया,
कतरे से बढ़कर समंदर बनता गया!

**

कैसे महकने लगे मेरे अशआर,
मैंने तो बस तेरा तसव्वुर किया था।

**

सौ दीप जलाकर भी क्या हासिल,
इक तुम आ जाओ, रोशनी हो जाएगी।

**

तेरा ज़िक्र कभी हम यूं भी कर लेते हैं,
चांद, चांदनी, फूल, कमल का उन्वान देते हैं।

**

तुझे ही सोचता है ये दिल,
बस तुझे ही भाता है,
रहूँ कहीं भी, कैसे भी,
ये दिल, बस तुझे ही चाहता है।

**

आपकी इक मुस्कुराहट से मन उड़ने लगता है,
जैसे सारे जहां की ख़ुशी पा ली।

**

लाख तूफ़ान आए दुश्मन बन के,
तेरे प्यार की लौ न बुझा पाए मेरे दिल से।

**

बेज़ुबानी पे तेरी भी नाज़ है मुझको
आँखों को क्या ख़ूबसूरत काम दिया है, प्यार जताने का।

**

मैं चाहे कहीं चला जाऊं, मेरी जान,
तू मुझमें से कभी, कहीं नहीं जाती।

**

समझदारी में क्या-क्या गँवा दिया,
बड़ा सुकून था नासमझी में।

**

किसी ने अपनी ज़िंदगी की कहानी लिखने को बोल दिया,
आसान था, मैंने बस तेरा नाम लिखके छोड़ दिया।

**

अपनी कोशिशों, अपने हुनर से पाया है आपने ये मकाम,
किसी की मेहरबानियों के आप मोहताज़ नहीं।

**

अपनी हिम्मत, अपने हौसलों के साथ चले तो थे
अकेले इस सफर में,
आपका साथ, आपका प्यार मिला और
मंजिलें सारी सर हो गईं।

**

दुआएँ माँगने की फ़ितरत है मेरी, रोज़ दुआएँ माँगता हूँ,
दुआओं में तेरे लिए खुशियां बेशुमार मांगता हूं,
ख़ुदा ने तो नवाज़ा है मुझे हर नेमत से,
मेरी हसरत मगर, मैं तुझको तुझीसे माँगता हूँ।

**

बारिशों के मौसम का मजा भी उठाओ, फ़ायदा भी,
दोस्तो, नहा भी लो, सारी गलतफहमियां भी धो डालो।

**

ना जाने भावनाओं के कौनसे दरिया से इनके तार जुड़े हैं,
एक ज़रा सी याद तेरी और आँखें नम हो जाती हैं।

**

मैंने कब कहा कि रोज़ रोज़ दुआ सलाम भेजो,
मुझे तुम प्यार का पैगाम भेजो,
तेरी सलामती की दुआ माँगता हूँ,
इल्तिजा है, बस अपनी ख़ैरियत का पयाम भेजो।
(पयाम or पैगाम = news/इल्तिजा = request)

**

जो कुछ लिखता हूँ, सब तुम्हारे लिए है,
ये सारी भावनाएँ तुम से ही तो पाई हैं।

**

उसकी मुस्कुराहट ऐसी कि सबको मुस्कुराने को
मजबूर कर दे, और
उसकी आंखें ऐसी जिसे झूठ कहने का मन ही न करे।

**

आईना देख के अनायास मुस्कुराते हैं,
वो वाकिफ़ हैं अपनी ख़ूबसूरती से।

**

अपने शौक के लिए दूर तक जाता हूँ मैं,
मिल जाए जो कोई नगमा तो गुनगुनाता हूं मैं।
तूने एक बार की थी तारीफ मेरे गाने की,
बस तबसे मोहब्बत के गीत गाता हूँ मैं।

**

सुंदर मन, पावन वाणी, मृदुल भाषा,
जैसे ईश्वर ने अपने हाथों से तराशा।

**

मुस्कान ऐसी जो होठों से शुरू होकर आंखों में झलक आए,
और मधुर वाणी बनके फिर होठों से छलक जाए।

**

सादे विचार, अच्छे इरादे और नेक नियत की
दिल में खेप रखता हूँ,
यारों की महफ़िल में बुलाया जाऊँ इसलिये
खुद में कुछ ऐब रखता हूँ!

**

सच का तो वाली है, खुदा भी, पैगम्बर भी,
सच को नहीं ज़रुरत न अवतार की, न आडम्बर की।

**

अगर पढ़ सको तो पढ़ लेना,
दिल की भावनाएँ उतारी हैं, हर लफ़्ज़ में।

**

दुश्मन मिलेंगे तुम्हें मुख़्तलिफ़ शक्लों में,
ज़रा ध्यान रखना,
ज़िंदगी अच्छे से गुजारनी हो, तो परायों से ज़्यादा
अपनों से बचना।

**

मुस्कुराने की आदत ने इतना तो सिला दिया,
ग़मों को तमाशा बनने से बचा लिया।

**

मैंने खुद को कितना ढूंढा, खुद के अंदर,
ज़रा सा भी न पाया खुद को, खुद के अंदर,
तुम ही तुम हो मेरे जर्रे जर्रे मैं, और
तुम्हारा पाक प्यार है मेरे खुद के अंदर।

**

जज्बात जो तुम पे खर्च करता हूं, किसी पे नहीं करता,
अब इसे इश्क, प्यार, मोहब्बत, जो चाहे कह लो।

**

खुद ही अपनी ख्वाहिशों का खून कर देता हूँ,
ऐसे अपने नाराज़ रिश्तों को जोड़े रखता हूँ।

**

कुछ नया सीखने की उम्र कहाँ होती है,
और नया कुछ सीखते रहो तो उम्र कहाँ होती है!

**

चंदन के पेड़ से होते हैं हमारे बुजुर्ग, हमारे माँ बाप,
जब तक रहेंगे शीतल छाँव देते रहेंगे अपने प्यार की,
जब चले जायेंगे खुशबू से भरा छोड़ जायेंगे।

**

रिश्तों में हक जताना अच्छी बात तब होती है,
जब हक के साथ रिश्ता निभाना भी आए।

**

जब भी आईना देखता हूं, तुझे देख लेता हूं,
मेरा ही प्रतिबिम्ब, मेरा ही अक्स हो तुम।

**

मुझे जन्मदिन यूं भी अच्छा लगता है,
कितना आशीर्वाद, कितना प्यार मिलता है।

**

मेरे लहज़े में ये बदलाव, बे-सबब तो नहीं,
जज़्बात हम भी रखते हैं, दिल हमारा भी दुखता है।

**

तेरी तस्वीर जब दीवार पे सजाई मैने,
चांद शर्मा के बादलों में छुप गया।

**

किसी ने मिलने आने का वादा किया हुआ है,
उसके इंतज़ार में नज़रें बिछाए अब भी बैठे हैं।

**

माना कि कुछ-कुछ, कभी-कभी परेशान करते हैं तुम्हें,
पर प्यार मेरे, जान से ज्यादा प्यार भी करते हैं तुम्हें।

**

अपनी पसंद से ना जिए तो क्या जिए,
खुशियाँ, हँसी ना बांटी तो क्या जिए,
मौत तो आनी है, आएगी इक दिन,
ज़िंदा रहते भी 'गर ना जिए तो क्या जिए।

**

कहते हैं कि आज़ादियाँ अच्छी हैं,
पूरब की पुरवाईयाँ अच्छी हैं।
तुम भी प्यार करते हो मुझे, याद करते हो,
ये 'गर ग़लतफ़हमी है, तो गलतफ़हमियां अच्छी हैं।

**

तेरी खामोशियों को सुना है कई बार मैंने,
कितनी मोहब्बत से मेरी बातें करती हैं।

**

चलो, न जताओ तुम अपनी मोहब्बत,
तुम्हारी हर अदा बयां कर रही है तेरा इश्क।

**

बस अकेले रहने का हुनर नहीं सीखा मैंने,
वर्ना, इस दुनिया से, क्या-क्या नहीं सीखा मैंने।

**

तुमसे जो है...
वो लगाव है, स्नेह या के मोहब्बत.. पता नहीं,
पर जो भी है बहुत खूबसूरत, पुर-सुकून है।

**

दुनिया-ए-जहां का ये क्या हाल है,
मेरी गुरबत पर मुझे पशेमां वो लोग कर रहे हैं,
जो दिल और प्यार से पामाल हैं।

**

मेरी गुरबत पर मुझे पशेमां करनेवालो,
अपनी ज़ेहनी गुरबत पे नज़र डाली है कभी।

**

याद बनके 'गर इस तरह मुझ ही में रह जाना था,
मेरे प्यार, फिर मुझसे क्यूँ यूं बिछड़ जाना था।

**

चलो, सारा जहाँ, जाओ, घूम लो,
हम सा प्यार करनेवाला कहीं न पाओगे।

**

कल शब हिचकी ने जता दिया,
याद उसे अब भी आती है हमारी!

**

तुमसे मिलना, तुमसे बात करना,
तुम्हें देखना अच्छा लगता है!

**

शनैः शनैः ढल रही है,
ये शाम है या के ज़िंदगी!

**

ख़ुदको खो दिया और तुमको पाया भी नहीं,
या ख़ुदा ये कैसी तिज़ारतदारी है।

**

जब, जहां, जैसे भी चाहा ले ली तूने, अजब है खुदा,
तेरी ही दी हुई ज़िंदगी है, इसका कुछ तो अदब कर।

**

दिन को मेरे चमकीला, खुशनुमा बनाए,
एक तेरी प्यारी मुस्कुराहट,
एक तेरी मीठी याद,
और तेरा पावन प्यार।

**

हाँ.. थीं तुमसे शिकायतें
मुझे नज़र अंदाज़ करने की,
पर तुम खुश रहो अपनों में,
मैं खुश हूं अपनी तन्हाई में।

**

रिश्ते खुदाया ऐसे भी निभते रहें,
चाहे आपस में भिड़ते रहें, पर मिलते रहें।

**

चाँद खड़ा इंतज़ार में, मेरे द्वार,
अचम्बित मैंने पूछा यहां कैसे सरकार,
तो मुस्कुरा कर बोला, एक परी रहती है यहाँ,
लेने आया हूं उससे थोड़ा सौंदर्य उधार।

**

क्या करना है जहां भर की मोहब्बत का,
इक तेरा प्यार ही काफ़ी है मेरे जीने के लिए।

**

ना जाने ऐसा क्यूँ होता है,
कि वो मिला भी नहीं,
और उसे पा भी लिया।

**

सबसे आला, सबसे सुकून-तर शौक़ है मेरा,
तू सामने हो और बस तुझे देखता रहूं।

**

आओ इक सुहानी जगह बनाते हैं,
दिल को खुश करने की वजह बनाते हैं,
ईंट, रेती, सीमेंट है तो दीवार ही क्यों बनानी,
आओ, प्रेम के दरवाजे, इश्क़ की खिड़कियाँ बनाते हैं।

**

हां, चले तो गए हो बहुत दूर मुझसे, लेकिन,
कोई पल नहीं जब तेरी यादों ने छुआ ना हो मुझे।

**

क्या क्या ना सह गया हूँ मैं,
तेरे इश्क़ के समंदर में बह गया हूँ मैं,
मुझसे दूर तू जायेगा कैसे,
तेरे अंदर ही रह गया हूँ मैं।

**

क्या सुकून पाया, कितनी ख़ुशी मिली थी,
मेरी तनहाई से कल मेरी बात हुई थी।

**

तेरी जुदाई की परेशानी में और क्या करता,
बस, सारे तारे बुझा दिये और सो गया।

**

तू 'गर बस सामने आ जाएगा,
तेरा क्या बिगड जाएगा,
महक जाऊँगा, चमक जाऊँगा,
मेरा दिल संवर जाएगा।

**

हमें भी तो प्यार का सिला मिले,
हमें भी तो टूट कर चाहे कोई,
बड़ी आरज़ू है, चाहे दिखावा ही सही,
करे, कभी, हमारा भी इंतज़ार कोई।

**

आपके जाने के बाद भी आप कहां गए हैं,
मेरे तो सारे पल अब भी आप के साथ ही गुजर रहे हैं।

**

अपनी खुशियों का कुछ यूं उपयोग कर रहा हूं,
तेरी तस्वीर में इन खुशियों से रंग भर रहा हूँ।

**

दुनिया का सबसे हसीन-तर एहसास है जो, वो हो गया है,
ऐ महोब्बत तेरा शुक्रिया, मुझे इश्क हो गया है।

**

तेरी जुदाई के गम में चूर, छत पर पड़ा था तन्हा...
तारा इक इक कर के टूटता रहा, मुझे परेशां देखकर।

**

ये तेरी आंखें जो ढूंढती रहती हैं मुझे हरदम,
क्या दिल को पता है?

**

आपको नहीं पता....
आपके बस होने से ही
सब हो जाता है!

**

तुझे देखने को तरसती है आँखे, बे-शक,
पर तुझे बिन देखे भी दिल से देख ही लेते हैं।

**

पहली महोब्बत को खास-ओ-अच्छा बतानेवालो,
ये तो बताओ,
अगर सच्ची होती वो पहली महोब्बत,
तो दूसरी क्यूँ कर होती।

**

आज भी जब घर पहुँचता हूँ,
तो मुस्कुराती हुई वो मेरा स्वागत करती है!

**

जरा संभल कर पढ़ना मेरी रचनाओं को,
जज़्बातों का समंदर है, प्यार का तूफ़ान है।

**

अपनी अपनी ज़िंदगी में हर कोई मसरूफ़ियत में भारी है,
जिसने जितना वक्त, तवज्जो, महोब्बत दी,
उसकी उतनी शुक्र गुज़ारी है।

**

ज़ज्बातों का बवंडर है,
एहसास का समंदर है,
आइए, हमारे संग वक्त बिताइए,
आपके आने से ही.
ज़िंदगी मनोहर है।

**

प्यार, दोस्ती,
एहसासों का समंदर है,
आपके आने से
ख़ुशियाँ सारी मयस्सर हैं।
ज़िंदगी मनोहर है।

**

प्रेम वात्सल्य से भरपुर तेरे दिल में जरा सी जगह मिल जाती,
तो हम भी पूर्णतः पूर्ण हो जाते,
सुकून, संकल्प, सुख, शांति सब मिल जाएँ प्रेम में,
तो प्रेम - प्रणय संपूर्ण हो जाते।

**

जिसे दुआओं में पाया है वो बेशकीमत नेमत हो,
जो जीवन को तार दे, माता रानी की वो भेंट हो।

**

ग़म तो बेहिसाब हैं,
पर मुस्कुराना कौन सा कठिन है।

**

मन में है एक गंभीर विचार,
ज़िंदगी क्यों हो गई इतनी लाचार,
मासूम, निर्दोष ज़िन्दगीयाँ छिन रही हैं,
क्या यही है प्रकृति का उचित व्यवहार।

**

तेरे हो गए, सोच के कितना अच्छा लगे,
अब बस तुम मेरे हो जाओ तो कुछ बात बने।

**

खबर भी है, तुम मेरे सब कुछ हो,
तुम्हें भुलाने की जुर्रत भी कैसे करें।

**

सर पर आपके आशीर्वाद का हाथ,
गालों पर आपके हाथों की थपकी,
दिल के हर कोने में है आपके होने का आभास,
दूर रहकर भी कराती है, आपके पास होने का एहसास।

**

मां-बाप को एक पल, एक दिन कैसे समर्पित कर सकते हैं, उन ही से तो हम हैं,
वो जिन्होंने सब दिया, सब सिखाया, उनके लिए सारी ज़िंदगी का समर्पण भी कम है।

**

जिसे मेरी महोब्बत की कदर न हो,
फ़िर उसे मेरे प्यार की ज़रूरत भी हो,
उस महोब्बत को भूल ही जाओ,
ऐसे प्यार से दूर ही रहो।

**

वक्त सब करवाता है...
जो बंदा लोगों से घिरा रहना पसंद करता था.
कैसे तन्हा, अकेली ज़िंदगी काट रहा है।

**

प्यार तुम हो, तुम ही प्यार,
संसार तुम्ही से, तुम ही सारा संसार।

**

जो नसीब में है ऐ खुदा, उसे ही दिल में बसाना,
वर्ना...
बड़ा मुश्किल होता है, दिल का लगाना।

**

मैं और तुम मिलके जहां हम बनें,
ऐसी ही दोस्ती से आसान हर दम बने।

**

मौसम कैसा, कितना खुशगवार है,
मेरा बच्चा ख़ुदा का लाजवाब अवतार है।
बरसों की दुआओं से मिला है जो हमको,
आप, आपका प्यार ईश्वर का वो उपहार है।

**

तुमको देखता हूँ और खुदको भूल जाता हूँ,
तुमसे इतना प्यार क्यूँ है!

**

क्या तुम कभी गलती नहीं करते,
क्या कभी गुनाह नहीं किया,
नाराज़ मैं भी होता हूँ, गुस्सा भी आता है..
पर, तुझे कभी सजा नहीं देता,
क्योंकि तुझे ज़रा सी भी तकलीफ़ में
मैं देख या सोच भी नहीं सकता।

**

मित्र कह लो, सखा कह लो, या कह लो तुम यार,
दोस्ती ही जीवन है, दोस्त बिना सब बेकार।

**

ये यकीन है तुझे चाहेंगे,
पर,चाह कर भी
तुझे देख ना पाएंगे।

**

हँसता हूँ, मुस्कुराता हूँ,
खुशियों के गीत गाता हूँ।
तुझसे ही जीत, हार, प्यार, श्रृंगार
दोस्त तुझपे ही जान लुटाता हूँ।

**

तुम क्या हो, तुम जानते ही नहीं,
तुमने खुदको कभी मेरी आँखों से देखा ही नहीं।

**

सूरज, चाँद, जंगल, बाग बहार,
नदी, सागर, पेड़ पर्वत, ठंडी बयार,
रब की रज़ा है हर इक नेमत
पर यार बिना सब बेकार।

**

मुझे नशे में होने की सज़ा दी गई,
मैंने तो बस सिर्फ तेरी आँखों को देखा था।

**

जिन्हे तुम्हारी नज़दीकियों की कद्र न हो,
वैसे लोगो से दूरियां ही बनाए रखिए!

**

मेरे अल्फ़ाज़ों को खोखला समझने की गलती न करना,
एक-एक लफ़्ज़ में जज़्बात के समंदर बहते हैं।

**

बदन के फटे-पुराने कपड़ों का तू न मलाल कर,
बस दिल में भाव अच्छे रहें उसका ख्याल कर,
जूते कैसे भी हों, मंजिल पे पहुँचा ही देते हैं,
पैरों में जूते अच्छे ना हो, तो उसका न मलाल कर।

**

हर उम्र का इक रिश्ता होता है, हर रिश्ते की इक उम्र,
जो इसकी राह पा गया, उसका जीना आसान हो गया।

**

तेरी आँखों की झील को देखा है मैंने, माशाल्लाह
समंदरों को डुबाने की कुव्वत रखते हैं।

**

बेचैनियों, बेबसियों, मजबूरियों की दुकान चली नहीं,
सामने ही
सुकून, चैन, आराम, आज़ादीयों की दुकान लगी थी।

**

जब कुछ भी अच्छा नहीं लगता
तब भी, सच मानो,
बस, तुमसे बात करना अच्छा लगता है।

**

क्षणिक ज़िंदगी है, पल में मिट जाती है,
किस का गुमान है तुझे, ऐ नादान,
सारी सुन्दरता यकायक सिमट जाती है।

**

किसीका प्यार सच्चा है, किसीका केवल दिखावा,
एक तो हकीकत है, दूजा बस छलावा।

**

क्यूं बच्चे इतने बड़े हो जाते हैं,
के खुद के जीते, माँ बाप को वृद्धाश्रम छोड़ आते हैं..
क्या कभी किसी ने देखा कि
माँ बाप के होते, बच्चे अनाथाश्रम जाते हैं।

**

खुद को ज़रूरी समझने की गलती करता रहा,
और लोग अपनी ज़रूरतें पूरी करके निकलते गए।

**

साथ जो देखे थे, वो कुछ ख्वाब मेरे,
तेरी आँखों में रह गए हैं,
उन्हें संझो के रखना, मेरे प्यार की अनमोल अमानत हैं वो !

**

सदा ही फुरसत में रहने की बात,
ना ज़रूरी है, न अच्छी है,
ज़िन्दगी जीने में ‘गर व्यस्तता हो,
तो वो व्यस्तता अच्छी है।

**

माना की कुछ-कुछ, कभी-कभी परेशान करते हैं तुम्हें,
पर प्यार मेरे, जान से ज्यादा प्यार भी करते हैं तुम्हें।

**

यही नियत है कोई नाराज़ न हो मुझसे,
किसीका दिल न दुखे, मेरी वजह से,
हंसी दे सकूं तो बेहतर,
किसीका आंसू न बहे, मेरी वजह से।

**

तेरी कोमल रोशनी की चमक आसमानों तक पहुँच गई है,
कल शब चाँद को देखा तेरे दर पे, चाँदनी उधार माँगते हुए ।

**

अँधेरों में अँधेरे अँधेरों के सिवा कुछ न नज़र आ रहा था,
फिर यूं हुआ, कि मेरी बेटी ने कदम रखा
और पूरी कायनात रौशन कर दी।

**

कदर करनेवालों की 'गर कदर होने लगे,
तो कदर करनेवालों की संख्या बढ़ने लगे।

**

तुम्हारे वादे सारे क्या कमाल के थे,
बस उन्हें निभा भी सकते तो क्या बात होती।

**

दिल इस बात से डर रहा है,
कोई रफ़्ता-रफ़्ता दिल से उतर रहा है।
इतने प्यार से दिया है जो तूने
शुकर है, ज़ख्म वो भर रहा है।

**

कभी कलेजा झकझोर के रख देते हैं,
कोई दर्द बेवजह नहीं होता!

**

तेरे तसव्वुर से ही दिल झूम उठता है,
तेरी दीद से न जाने क्या हश्र होगा।

**

तुमसे जुड़े हुए हैं जरूर,
कुछ तो स्नेह के धागे,
तुमसे मिलना, तुमसे बात करना,
तुम्हें देखना अच्छा लगता है!

**

जिसको देख के अनायास मुस्कुराहट आ जाए,
वही मासूम हमको मुस्कुराना सिखाने आए!

**

दिल ख़ुशी में झूम रहा था,
तीस तारीख़ को मिलेगें उसने कहा था,
दिल तब टूट गया जब देखा,
वो फरवरी का महीना चल रहा था।

**

ऐ दिल उसको खोने के ग़म में यूं परेशान न हो,
अभी तो मुकम्मल पाया भी नहीं उसको।

**

हर दीवाना यहाँ ज़रूर आ जाए,
बिन पिए ही सबको सुरूर आ जाए,
मेरी महफ़िल में इतना अँधेरा सा है,
'गर तू आ जाए, ख़ुदाया, महफ़िल में नूर आ जाए।

**

जो जज़्बातों को समझे, सराहे,
लाखों हों सामने, दिल तो बस उसीको चाहे।

**

तुझे देखते ही, दीवाना दिल ये सोचने लगता है,
ख़ुदा कसम कोई इतना प्यारा कैसे हो सकता है।

**

तेरी यादों की राह पर जब दिल निकल पड़ता है,
आँखें तो सोती हैं, दिल शब भर जगता रहता है।

**

तेरे हिज्र में दिल इस कदर परेशां रहता है,
रेगिस्तां आँखों से इक आँसू बहता रहता है।

**

हम अपने मुकद्दर का क्या शिकवा करें, क्या गिला करें,
दोस्त पाए हैं ऐसे के दुश्मनों की ज़रूरत ही नहीं।

**

तुम मुझको मिले भी तो खुद मेरे अंदर,
कहां कहां नहीं ढूंढा तुमको मैंने।

**

और कुछ सीखा ही नहीं, आता ही नहीं मुझे,
मैं तसव्वुर-फ़रोश न बनता तो क्या करता।

**

कितनी पुरसुकून है तेरी याद भी,
रूह तक मुस्कुरा उठती है।

**

ख़ुदको खो दिया और तुमको पाया भी नहीं,
या खुदा ये कैसी तिजारत-दारी है।

**

पर तकलीफ तो तब होती है,
जब सबसे करीबी रिश्तों की कीमत
अपनी पहुँच से पार होती है।

**

याद है...
जब गमगीन था मौसम,
तेरी इक हंसी से चहक उठा था।
जब समा उदासी के अँधेरो में डूबा था,
तेरी आँखों के तारों ने रोशन कर दिया था।

**

बोलते रहना, कुछ कहते रहना, के तुम्हारी बातों से
लफ़्ज़ों का ये बहता दरिया अच्छा लगता है।

**

मेरी बुराइयों पे बोलना था, कल शब महफ़िल में,
दुश्मन क्या, गूँगे दोस्त भी बढ़ चढ़ कर बोलने लगे।

**

लाख खड़ा कर दो आईने के सामने किसी को,
चेहरे के अंदर छुपा चेहरा छुपा ही रहता है।

**

मेरे प्यार, मैं तो उसी दिन तेरा कायल हो गया था,
जब मैंने कुछ नहीं कहा था और तू सब समझ गया था।

**

सुना था प्यार से सारी दुनिया जीत सकते हैं,
शुक्रिया, पर शायद मेरे प्यार में वो ताक़त नहीं।

**

न जाने ऐसा क्यूँ होता है...
कि जो इंसान अच्छा लगता है,
उसी के साथ वक्त कम मिलता है।

**

महँगाई तो बढ़ती ही रहती है,
पर तकलीफ तो तब होती है,
जब सबसे करीबी रिश्तों की कीमत
अपनी पहुँच से पार होती है ।

**

मोहब्बत का हक से भला क्या वास्ता,
मोहब्बत तो उनसे भी होती है,
जिनसे अपना हक-वास्ता नहीं होता।

**

तुझपे हक मेरा चाहे कुछ हो ना हो,
तुझे चाहने का हक कोई नहीं छीन सकता।

**

मेरे दिल में जो धड़कन बन बसती है, मेरी बेटी है,
मेरे ही घर की चमकती, महकती हस्ती है।

**

दूर हो तो क्या,
तुम बसती हो मेरी धड़कनो में,
अब ये प्यार नहीं तो कुछ भी नहीं।

**

तुझे उड़ते हुए देखता हूँ, ख़ुशी होती है,
तेरी उड़ान का कायल हूं मैं।

**

करो शुकर दीवानों का, उनकी दीवानगी का,
दीवाने न होते, तो बेपनाह मोहब्बत कौन करता।

**

झूठ बोलना अच्छा नहीं है, जानता हूं
मगर रिश्तों को संभालना भी ज़रूरी है।

**

तेरे नाचने का हुनर लाजवाब ही सही,
पर इसमें ज़रा सी रूह भी होती, तो क्या बात होती।

**

तेरे मुस्कुराने की जो अदा है,
मेरा दिल बस उसी पर फ़िदा है।

**

जब भी आते हो, मुस्कुराते हो,
अपना हक जमाते हो,
मेरे मन को बहुत भाते हो।

**

खास था मैं भी उनकी नज़र में, अब ऐसा काम हो गया,
नज़रों से तो नहीं गिरा, बस खास से आम हो गया।

**

दूसरो के लिए अपना प्यार झलकता रखिऐ,
प्यार से ही ज़िंदगी है।

**

है तेरी ज़िद तो मेरा भी खामोश सब्र देखते हैं,
कब तक मेरी याद नहीं आती तुमको, देखते हैं।

**

हर किसी को मैंने अपना समझा,
इस ग़लती की 'गर कोई सज़ा है, तो मंज़ूर है मुझे।

**

ज़िंदगी बुझी-बुझी सी होने लगी है,
तेरे प्यार की लौ से फिर रौशन कर दे इसे।

**

जिसने तकलीफ दी है बहुत दिल को
उसीको अपने दिल का खुदा बना बैठे हैं ।

**

शीतल चांदनी, शरदीय पूर्णिमा के
निश्छल चाँद में तुम गुम हो,
कैसे न गुमां करूं मैं अपनी तकदीर का,
मेरी आगोश में तुम हो।

**

मेरी चुप्पी को जो मुस्कान में बदल दे,
वो जादू है बच्चे तुझमें।

**

जो घर भर में घूमते नजर आता था,
वो शख्स अब बस तस्वीर में ही नज़र आता है।

**

औरों का भला करते रहो,
तुम्हारी रूह तुम पे मुस्कुराएगी.
ख़ुशियाँ, मुस्कुराहटें फैलाते रहो,
तुम्हारी रूह तुम पे नाज़ करेगी।

**

तेरी याद रगों में लहू बन दौड़ रही है,
तुझे भुलाने की कोशिश भी कैसे करेंगे।

**

ज़िंदगी एक बार ही मिलती है,
ज़िंदगी अच्छे से जी है, जीनी है, तो
औरों के ग़म मिटाते रहो,
तुम्हारी रूह तुम्हें सजदे करेगी।

**

ज़िनसे किस्मत ने मिलाया था कभी, कहीं,
उनसे फिर मिलने का मन करता है।
ज़िनसे की थी कुछ बातें कभी, कहीं,
उनसे फिर बतियाने का मन करता है।
पर उनका भी तो कभी जी चाहे,
उनका भी तो कभी मन करे,
ये मिलने का, बात करने का,
क्यों सिर्फ मेरा ही मन करता है।

**

तेरी कमी को यूं भर लेते हैं,
तुझे याद करके, संवर लेते हैं।

**

उल्फत के उसूल सारे निभाए मैंने,
तेरी राहों में भीगे से नैन बिछाए मैंने,
आ जाते तो ख्वाब सारे सज जाते,
चाँद, तारे, चराग, जुगनू, सब सजाये मैंने।

**

हर बार, हर बात बोल कर बताई हमने,
पर अब यूं करेंगे, बस खामोशी से काम लेंगे।

**

बेटियां तो अनगिनत इस जहां में,
पर मेरी बेटी के जैसी कोई नहीं।

**

बड़ा परेशान किया है मुझे,
उस एक रिश्ते ने...जो कभी था ही नहीं।

**

मेरे हमसफ़र, चले तो थे तुम और मैं
साथ अपने दाम्पत्य सफ़र पे,
चली गई तुम तो क्या, आसान नहीं पर,
सीख रहा हूं अकेले चलना इस डगर पे।

**

जब खुशियां देने का काम,
आप सारे प्यारे लोग
इतना बढ़िया कर रहे हों,
फिर मैं खुश कैसे ना रहूँ!

**

खुदा का बेहतरीन-तर करिश्मा हो तुम,
तुमसे खुद-ब-खुद स्नेह होना लाज़मी है।

**

जब जब हो, मौका बना के मिलते-मिलाते रहो
दोस्तों से, अपनों से...
यही ख़ुश हाल ज़िन्दगी का मंत्र है।

**

मुझे यकीन है तुम्हें रोज़ खुद से प्यार हो जाता होगा,
रोज़ आईना भी देखते हो, अपने दिल में भी झाँकते हो!

**

मोहब्बत को मुसीबत बताने वालो,
ज़िंदगी की ज़रुरत के लिए कहाँ जाओगे।
इश्क़ इबादत है, जानते हो,
यही चाहत साथ जाएगी, जहां जाओगे ।

**

समेट लो सारे सुकून-ओ-ख़ुशियों के पल,
कल के दुखों के यही साथी होंगे।

**

इक आस है तेरे दीद की
और क्या ही चाहे कोई।

**

सुबह-शाम होते-होते ज़िंदगी के दिन गुज़र तो रहे हैं,
पर दर-ओ-दीवारों के बीच अकेले बैठ के
रोने को ज़िंदगी कैसे कहेंगे।

**

किसीको खुद से ज़्यादा अहमियत दो,
खुद से ज़्यादा प्यार करो,
और वो आपको कुछ न माने,
दिल तो टूटेगा, जान तो जलेगी।

**

हां.....रोना सुकून दे जाता है,
रोने से काफ़ी दुःख भी धुल जाता है।
सब कुछ सही है, सब अच्छा है, फिर भी,
कई बार रोने को जी चाहता है,
पर डर लगता है, क्योंकि,
रोने वाले के पास कौन आना चाहता है।

**

जिसको दूरी का एहसास न हो,
उसे एहसास दिलाना भी नहीं।
शिथिल हो गए 'गर उनके जज़्बात
फ़िर नींद से उन्हें जगाना भी नहीं ।

**

जबसे मैंने मैं को हटाकर, हम लिख दिया,
रिश्ते सारे अपने आप सुंदर होते चले गए।

**

अगर मन की हर बात बोलकर ज़तानी पड़े,
तो बरसों के बेतहाशा प्यार का क्या मतलब।

**

अगर मन की कोई बात है तो बोलकर जता दिया करो,
ये बरसों के बेतहाशा प्यार का वास्ता देने से कुछ न होगा।

**

हंसी, खुशी, ख्वाब,
प्यार, मोहब्बत, इश्क़,
यही तो ज़िंदगी के ताज हैं,
ये कहाँ किसी उर्म के मोहताज हैं।

**

वो मुझे चाहती है,
मुझे प्यार करती है,
ये बात झूठ ही सही, पर
कितनी अच्छी, कितनी सुंदर लगती है।

**

कभी नाराज़ होने का हक हमको भी तो हो,
तुम नाराज़ न हो जाओ इस डर से
हम कभी नाराज़ नहीं होते।

**

आपके जाने के बाद भी आप कहां गए हैं,
मेरे तो सारे पल अब भी आप के साथ ही गुजर रहे हैं।

**

अपनी खुशियों का कुछ यूं उपयोग कर रहा हूं,
तेरी तस्वीर में इन खुशियों से रंग भर रहा हूँ।

**

बढ़ता वज़न, बालों की सफेदी, चेहरे की झुर्रियां,
छोड़ो इन की फ़िक्र,
इश्क-ओ-मोहब्बत में भला इन मामूली बातों का
क्या ज़िक्र ।

**

हाल-ए-दिल कुछ यूँ भी छिपा लेता हूं,
जब कोई पूछता है - कैसे हो, मुस्कुरा देता हूं।

**

वो जो मेरी जान बने बैठे हैं,
ऐ खुदा, वो सभी कितने दूर सजे बैठे हैं।

**

मुस्कुराते रहो, हंसो जी भरके,
के हँसी हर मर्ज़ की दवा है,
पर रोने से न डरो, न परहेज़ करो,
के सेहत के लिए आंसू भी अच्छा है।

**

जिसे रोना नहीं आता,
उसे जीना नहीं आता।

**

सागर भी ज़रूरी है और सेहरा भी,
ज़िंदगी में एक के बिना दूजा अधूरा है।

**

सच्चा प्रेम कौनसी उम्र में होता है पूछने वालो,
समझ लो, मान लो,
जिस भी उम्र में प्यार हो, वही उम्र सच्ची होती है।

**

जिसकी मस्ती ज़िंदा है,
उसीकी हस्ती ज़िंदा है,
वर्ना तो बस उसकी
सिर्फ गिनती ज़िंदा है।

**

अपनापन सारा छूट रहा है,
धीमे धीमे ही पर दिल टूट रहा है,
मौत से तो मेरा कोई याराना नहीं, पर
ज़िंदगी का एक एक दिन खूट रहा है।

**

हालात चाहे कितने भी हों विकट,
मेरा अक्स मुस्कुराना नहीं भूलता।

**

हर पल को जियो, हर पल आनंदित रहो,
पल कोई भी हो, लौट के फिर न आएगा।

**

अकेले रहना क्यों नहीं सीख लेते, यार,
पता तो है, साथ देने कोई नहीं आने वाला।

**

उस ऊपरवाले का ही कर भरोसा, दोस्त,
वो दिन लद गए जब लोग साथ निभाते थे।

**

हंसते हुए होंठ ये अब खामोश हुआ चाहते हैं,
ख़ुशियों से नाचते दिल-मन मदहोश हुआ चाहते हैं,
कमी तो वैसे कोई नहीं अब भी ज़िंदगी में,
ज़िंदगी के बेजा बेहोशी से बाहोश हुआ चाहते हैं।

नमस्कार !

मेरी पहली किताब "Zindagi मनोहर Hai" को आप लोगों ने सराहा और भरपूर प्यार दिया... बहुत बहुत शुक्रिया।

आप लोगों के प्यार और प्रेरणा से ही Zindagi मनोहर Hai (Vol.2) को अमली जामा मिला, और आज ये आपके सामने है!

I hope this Volume of Zindagi मनोहर Hai touches your heart just as deeply as the first. This journey means so much to me, and I hope you embrace it with same warmth & love you've always shown.

Keep loving and await Volume -3- !

Remember :

तुमसे ही दोस्ती का सुहाना मंज़र है,
प्रेम-प्यार, मासूम-मोहब्बत का मंदर है
खो न जाना बज़्म-ए-मेले में, दोस्त
तुम से ही ज़िदगी मनोहर है!

Love You !